LETTRE

D'UN

VIEUX CURÉ VENDÉEN

AUX ORGANISATEURS

DU

BANQUET DU 29 SEPTEMBRE

—

PRIX : 10 CENTIMES

—

LETTRE

D'UN

VIEUX CURÉ VENDÉEN

A MM. LES ORGANISATEURS

DU

BANQUET DU 29 SEPTEMBRE

Messieurs,

L'annonce que vous faites par la voie des journaux, d'un banquet qui doit avoir lieu prochainement, pour fêter l'anniversaire de la naissance de M. le comte de Chambord, m'autorise à vous faire quelques réflexions à ce sujet.

Avec la conviction consciencieuse et irrésistible que j'ai acquise dans la méditation des faits politiques qui se sont passés sous mes yeux, je crois que votre projet de banquet n'est pas raisonnablement motivé. Et, si dans ces faits que je vais citer à l'appui, il y en a que vous n'ayez pas connus auparavant, ou dont la véracité vous paraisse suspecte, je ne crains pas de déclarer ici, devant les hommes et devant Dieu, qu'ils sont tous de la plus exacte vérité.

Qu'allez vous faire, en effet, Messieurs, par cette démonstration ? Vous allez reconnaître solennellement que le Prétendant, Henri V, est entré dans sa soixantième année.

C'est un âge bien respectable sans doute, et dont j'ai pu apprécier les avantages moi-même depuis longtemps déjà. Mais hélas ! Est-ce bien une qualité qui dispose le Prince aux actes virils que vous attendez de son règne ? En constatant ainsi qu'il est entré dans la première période de la vieillesse, vous êtes forcés de vous dire à vous-mêmes que l'homme a fini et que le vieillard commence. Vous êtes forcés encore de renoncer au bénéfice de cet oracle si connu, que vous ne manquiez pas, il y a quelques vingt ans, d'invoquer en sa faveur : *Venez, jeune Prince !*

M. le comte de Chambord s'est complu si longtemps dans son rôle facile de *Prétendant,* qu'il doit reconnaître aujourd'hui avec la France que cet appel ne s'adressait pas à lui. Depuis un demi-siècle, et naguère surtout, il a laissé passer toutes les occasions opportunes pour se mettre à la tête du gouvernement; et vous comprenez vous-mêmes qu'il a besoin de justification sur ce point, si bien, qu'entr'autres raisons, vous ne manquez pas d'en faire un sujet de louanges en sa faveur, en répétant que le Prétendant légitime n'aurait jamais voulu compromettre la vie d'un seul Français pour parvenir au trône.

S'il était vrai, ce serait un bien noble et bien généreux sentiment à faire valoir. Mais n'est-il pas permis de soupçonner quelque autre cause de cette inaction prolongée.

Quoique libres dans tous nos actes, nous restons toujours soumis à cette influence divine qui agit mystérieusement sur notre esprit et sur notre cœur, pour nous faire accomplir librement une destinée que nous ne connaissons pas et qui est la nôtre. Or, M. le comte de Chambord n'ayant jamais ni fait ni tenté un de ces actes qui auraient pu lui donner le pouvoir, peut-on affirmer, par la seule raison qu'on croit depuis cinquante ans *qu'il doit régner*, peut-on affirmer que telle est sa destinée providentielle, que telle est sa mission?

Certes le courage est héréditaire dans tous ceux de sa noble race : je suppose donc et je crois qu'il ne lui a jamais manqué, pas plus qu'il n'a manqué à Charles X, son grand-père, en face de la révolution de 1830. Mais ce dont il a manqué et dont il manquera toujours, c'est de ce sentiment profondément senti du droit et du devoir. Celui dont la sagesse n'est jamais en défaut l'a laissé ignorer à son esprit et à son cœur. Et voilà pourquoi, avec le titre d'héritier légitime que la plupart lui reconnaissent, sa vie d'homme s'est écoulée dans l'inaction.

Lorsqu'en 1830 le roi partit pour l'exil, sans y être forcé en apparence, plusieurs l'accusèrent d'avoir lâchement cédé à la révolte. Je crois que ce dernier acte de la vie politique du vieux roi a été mal apprécié, parce qu'on n'a pas généralement connu le mobile secret mais véritable de sa conduite. Je vais le dire avec détail, et lorsque vous aurez lu, je vous laisse à chercher vous-mêmes s'il n'y a pas quelque similitude ou analogie entre la retraite de Charles X et l'inaction de son petits fils. Il y a des mystères en tant de choses, qu'il peut bien y en avoir aussi dans les agissements de la politique.

Assurément, Messieurs, celui que vous appelez Henri V n'a pas, au trône de France, plus de droits que n'en avait son grand-père Charles X. Or, voici ce qui s'est passé à Rambouillet, au début de la révolution, dans les premiers jours d'août 1830. Le roi, avec tous ceux qui l'entouraient, était décidé à une lutte opiniâtre. Une belle et vaillante armée était sous les armes. Il avait envoyé, dès le premier jour, des ordres aux provinces passant alors, à juste titre, pour les plus dévouées à la monarchie. Cathelineau, officier dans la garde royale et père du général de ce nom, avait déjà, par ordre, soulevé la Vendée. Des régiments de cavalerie étaient accourus à Beaupréau, tandis que la troupe vaillante qui entourait le roi lui demandait à grands cris l'ordre de se battre. La victoire à porter n'était douteuse aux yeux de personne. Telles sont d'abord les dispositions du roi et de son entourage. Mais voici que le lendemain tout est changé ! L'abattement et l'indécision ont remplacé cette ardeur belliqueuse. Le roi semble ne plus savoir ce qu'il doit faire. Des souvenirs, des pensées ont troublé son esprit. Ces souvenirs tiennent aux profondeurs de son âme. Personne n'en est confident. Il ne sait s'il doit résister, s'il doit céder. Dans cette perplexité brûlante, il mande près de lui un homme dont la fidélité et la discrétion lui sont connus, le général Auguste de La Rochejaquelein.

« Connaissez-vous, lui dit-il, la demeure de
» *Thomas Martin,* laboureur et fermier à Gal-
» lardon, non loin d'ici. »

Sur la réponse affirmative du général : « Allez,
» lui dit le roi, le trouver de ma part, et deman-
» dez lui ce que je dois faire dans la circons-
» tance. »

Il semble en vérité que c'est un bien étrange
conseiller qu'un roi, si terriblement menacé, va
chercher dans la personne d'un laboureur ; mais
c'est dans ces moments de crise suprême que se
réveillent les souvenirs et les remords ; et il y en
avait dans cette royale famille ; et ils portaient
le trouble dans la conscience du vieux roi. Il
savait très bien ce que ce paysan inspiré avait
révélé à son frère, Louis XVIII, en 1816, lorsque entre autres choses, il lui avait défendu
sous peine de mort subite, de se faire sacrer roi,
malgré les préparatifs déjà faits pour cette céré-
monie. Il n'avait pas oublié non plus ce testa-
ment politique de son frère, ouvert en sa pré-
sence et devant le conseil de famille privé, tes-
tament où Louis XVIII, comme pour mettre en
paix sa conscience avant de mourir, recon-
naissait l'existence et les droits de son neveu
Louis XVII. Il se rappelait encore et l'émoi de

toute sa famille et celui de ses conseillers qui, abasourdis de cette révélation inattendue, ne manquèrent pas de trouver dans cet argument qui vient au secours de toutes les consciences hésitantes, celui de la *raison d'état,* pour lui faire continuer une usurpation criminelle.

C'est dans ces inquiétudes dévorantes que le Roi attend le retour de son envoyé. La commission fut bientôt faite. Un témoin encore vivant, homme d'une grande honnêteté et craignant Dieu, m'a raconté les détails de l'entrevue du général avec le laboureur de Gallardon. Ce témoin était avec Martin lorsque, ensemble, ils l'ont vu descendre de cheval, s'avancer vers eux; et saluant le prophète, lui dit : « Martin, » le Roi m'envoie vers vous pour vous deman- » der ce qu'il doit faire : résister à la Révolution » ou céder devant-elle. »

Pour la réponse à faire, Martin n'est pas plus embarrassé que devant Louis XVIII, où les paroles lui venaient d'elles-mêmes. Il ne cher- che point sa phrase, il parle avec autant d'assu-

rance que de modestie. « Le Roi sait bien,
» dit-il, que la couronne qu'il porte ne lui
» appartient pas. Qu'il n'essaye donc pas de la
» défendre ; car tout le sang qu'il ferait répandre
» pour cette cause retomberait sur lui. Le Roi
» n'a plus qu'à partir pour l'exil où il mourra. »

Cette sentence du paysan fut rapportée exac-
tement au Roi, qui contremande tous les ordres
des jours précédents, et part pour un exil d'où
il n'est pas revenu.

Et maintenant, Messieurs, Charles X croyait
donc à la mission de Martin, puisqu'il l'envoya
consulter. Charles X a donc cru que cette couronne ne lui appartenait pas, puisque, accédant
à la sentence de l'homme de Dieu, il s'exécute
lui-même par son départ. Il reconnaît qu'il a dit
la vérité ; et s'il a failli naguère en usurpant le
bien d'autrui, il craint de se rendre plus coupa-
ble devant Dieu, en défendant cette possession
illégitime les armes à la main. Mais si la conscience d'un droit avait régné dans l'âme de
Charles X, ne lui aurait-elle pas inspiré et com-

mandé de la défendre? Ce Bourbon, quoique vieux, se serait fait tuer pour rester fidèle à son devoir.

Ainsi le départ de Charles X pour l'exil ne fut pas une œuvre de couardise et de lâcheté, mais l'œuvre d'une conscience trop tardivement réveillée.

Or, si Charles X n'avait aucun droit à la couronne, quels peuvent être ceux de son petit-fils? *Messieurs, les raisons secrètes qui ont paralisé votre Prince depuis si longtemps et l'ont condamné à une inaction qu'on n'a pu expliquer, pourraient bien ressembler beaucoup à celle qui ont fait partir le vieux Roi pour l'exil, sans tenter un seul acte de défense?*

Aussi monarchiste que vous, Messieurs, mais plus éclairé, je crois, sur les questions de droit et de personne, parce que je les étudie depuis plus de quarante ans, je demeure convaincu que, quoique fassent les hommes, quelques agitations que se donnent les partis politiques, c'est Dieu, en dernier lieu, qui restera le maître. *Ce qui est prévu, Dieu le veut.*

Je n'assisterai point à vos joies irréfléchies de banquet. A travers vos tentures et vos emblêmes plus ou moins douteux, je craindrai de lire cette sentence demeurée si mémorable de la justice divine : *Mane-Thécel-Pharès.*

Si l'oracle qui a prédit, il y a déjà bien des années, que *l'aigle* irait mourir sur la terre étrangère, et que *l'aiglon* roulerait dans la poussière, où il périrait, avait prononcé aussi contre celui que vous décorez d'un titre qui ne lui appartiendra jamais, une sentence aussi explicite, où en seraient vos espérances dynastiques ?

Dans ces circonstances douloureuses, vous reconnaîtriez peut-être le gouvernement de Dieu, comme le seul maître des hommes et des événements, qu'il dirige suivant sa sagesse. Alors demandez lui la lumière et le courage.

Pour vous aider à trouver la vérité, lisez avec

attention un livre actuellement sous presse, intitulé : *La survivance du Roi martyr*. Le désespoir quittera bientôt votre cœur pour y faire place à l'espérance ; et c'est ainsi que s'accompliront ces paroles que nous avons tous répétées si souvent : « *Il n'y aura qu'un seul moment entre ces deux cris.* : TOUT EST PERDU ! TOUT EST SAUVÉ ! » *Fiat.*

Un vieux curé Vendéen.

19 septembre 1879.

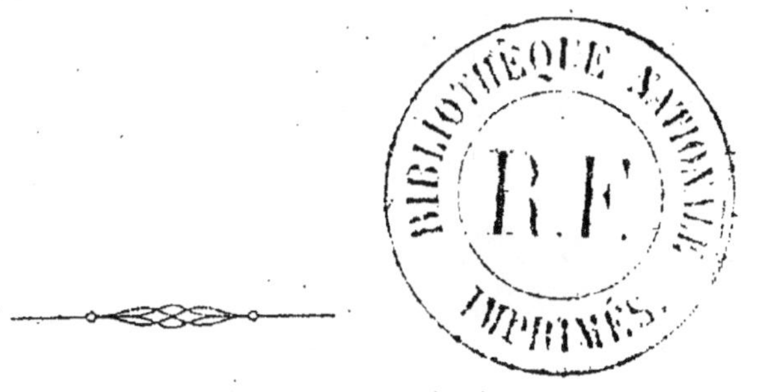

Limoges, imp. Vᶜ H. Ducourtieux, rue des Arènes, 7.